Para **Olivia**

Por ser una niña muy buena.

¡Feliz Navidad!

De parte de:

Era Nochebuena, Papá Noel y sus renos estaban muy ocupados entregando los regalos a todos los niños y niñas que se habían portado bien.

El trineo de Papá Noel iba de casa en casa sigilosamente, a través del cielo nocturno. Papá Noel bajaba y subía por las chimeneas con cuidado y sin hacer ruido, dejando bajo el árbol los regalos de Navidad.

Todo iba bien,
hasta que llegó
a la penúltima
casa de su lista.

De repente,
Papá Noel se dio cuenta que
faltaba ¡uno de los regalos!

Los renos buscaron por todas partes: dentro del saco, en el trineo... ¡el regalo había desaparecido!
"¡Oh no!" exclamó Papá Noel.
"¡Se habrá caído
del trineo!"

Papá Noel no sabía qué hacer. No tenía tiempo para buscar el regalo perdido pero tampoco quería que ningún niño de su lista se quedara sin su regalo.

De repente, a Papá Noel se le ocurrió una idea ¡FANTÁSTICA!

Consultó su mapa de entregas para saber dónde estaban, y revisó la lista para saber quién se había portado bien y quién se había portado mal.

La primera de la lista de las niñas buenas era **Olivia**. Papá Noel y Relámpago (el más pequeño de todos los renos) bajaron por la chimenea de su casa...

...entraron sigilosamente en su...

Olivia

estiró los brazos, bostezó y se frotó los ojos, pensaba que aún estaba soñando...

...hasta que Relámpago se le tiró encima y comenzó a hacerle cosquillas con su larga lengua rosada y llena de babas "¡PUAJ!"

"¡Necesito tu ayuda!" gritó Papá Noel. Le explicó que un regalo se había caído del trineo mientras volaban y quería que **Olivia** lo encontrara con la ayuda de Relámpago.

Olivia estaba **MUY** contenta de poder ayudar a Papá Noel.

Fuera estaba nevando y hacía mucho frío, así que **Olivia** se abrigó con su gorro y bufanda de rayas preferidos.

Olivia y Relámpago miraron por el telescopio mágico de Papá Noel.

Miraron más allá de las casas, entre los árboles de la montaña, tratando de encontrar el regalo perdido.

De pronto vieron algo brillante entre la nieve, ¡habían encontrado el **regalo** en lo alto de una colina!

Saltó encima de Relámpago, le acarició y le hizo cosquillas detrás de sus suaves orejas. Entonces, Relámpago hizo un salto y empezaron a volar por el cielo estrellado.

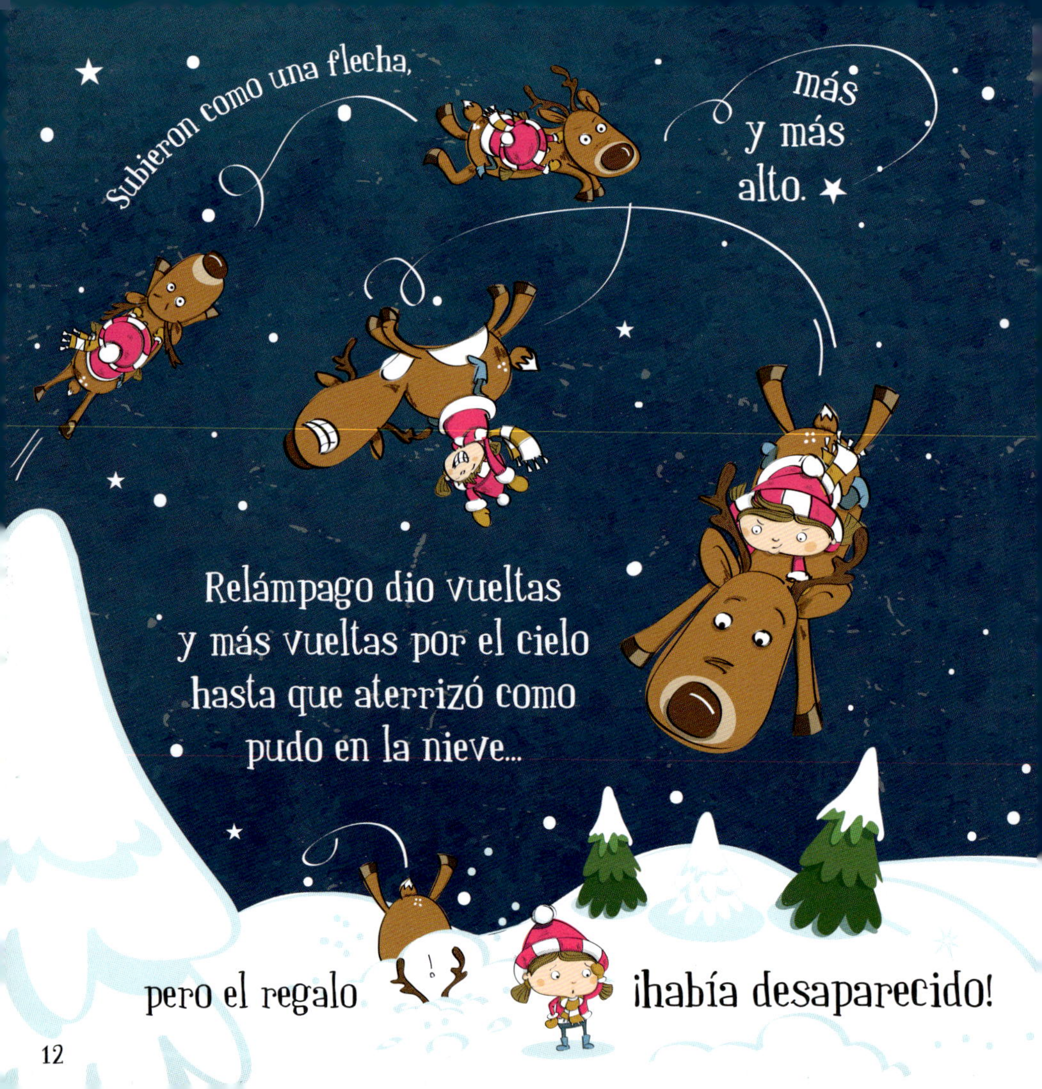

Subieron como una flecha,

más y más y más alto.

Relámpago dio vueltas y más vueltas por el cielo hasta que aterrizó como pudo en la nieve...

pero el regalo ¡había desaparecido!

Olivia y Relámpago buscaron el regalo por todo el bosque pero no lo encontraron en ningún sitio.

De pronto, la nariz de Relámpago empezó a olisquear, revolviendo la nieve del suelo. ¿Qué había encontrado?

Olivia vio una gran zanahoria naranja clavada en la nieve. "¿A quién le gustan las zanahorias?" se preguntó. Tal vez fuera una pista para encontrar el regalo perdido.

Entonces, vieron un conejito blanco y gris.

"Hola Sr. Conejo, estamos buscando un regalo perdido que se ha caído del trineo de Papá Noel. ¿Ha visto alguna cosa que se le parezca?"

El conejito se rascó la nariz, se frotó las orejas y con una pata blanca, señaló un camino de bellotas que había encima de la nieve.

"¿A quién le gustan las bellotas?"
se preguntó **Olivia**.

Descubrieron que una pequeña ardilla les estaba observando. La siguieron entre la nieve mientras la ardilla recogía las bellotas una a una sin saber qué o quién encontrarían al final del camino.

Cuando llegaron al final del camino de bellotas, se encontraron con un **muñeco de nieve** que estaba muy triste, sin nariz y sin botones.

Su nariz de zanahoria se había caído y sus botones de bellota se habían perdido, pero por debajo de su sombrero negro encontraron el regalo brillante que se había perdido.

¡Hurra! Por fin habían encontrado el regalo...
pero ¿por qué lo tenía el muñeco de nieve?

El muñeco de nieve estaba triste porque cada año se quedaba sin regalo. Cuando encontró el regalo perdido estaba muy contento porque pensaba que era para él. Pero ahora que sabía que pertenecía a otro niño quería devolvérselo a Papá Noel.

Olivia quería que el muñeco de nieve estuviera contento y decidió ayudarlo. Le puso la zanahoria que habían encontrado como nariz y los botones de bellotas en su barriga como botones, pero el muñeco de nieve seguía sin sonreír.

Entonces, **Olivia** tuvo una idea brillante.

Le regaló
su bufanda
de rayas
preferida
y abrigó al
muñeco de nieve.

Después, cambió
el sombrero
negro y viejo del
muñeco de nieve
por su gorro de
lana a rayas.

¡El muñeco de
nieve estaba
MUY contento!
Por fin, había
recibido un
regalo por
Navidad.

Olivia y Relámpago volaron tan rápido como pudieron para devolver el regalo perdido antes del amanecer...

y lo colocaron bajo el árbol con un suspiro de alivio.

Cuando regresaron a casa, **Olivia** le dio un fuerte abrazo a Relámpago y observó cómo su nuevo amigo se iba volando por el cielo hacia su hogar junto a Papá Noel.

Cuando **Olivia** se despertó el día de Navidad, se preguntaba si habría sido un sueño. Cuando miró por la ventana...

...allí estaba, en medio del blanco paisaje, el muñeco de nieve le saludaba feliz con su magnífico regalo de Navidad.

Fin